Rudolph Genée

Über Rhythmik der Sprache und Vortrag

Rudolph Genée

Über Rhythmik der Sprache und Vortrag

ISBN/EAN: 9783337156374

Printed in Europe, USA, Canada, Australia, Japan

Cover: Foto ©Thomas Meinert / pixelio.de

More available books at **www.hansebooks.com**

und

VORTRAG.

Inaugural - Dissertation

der

Philosophischen Fakultät

der

UNIVERSITÄT JENA

zur Erlangung der Doctorwürde

vorgelegt

von

Rudolph Genée

aus Berlin.

DRESDEN.

Druck der Lehmann'schen Buchdruckerei.

Wenn die Sprache in erster Linie ein Resultat des Bedürfnisses ist, weil erst durch dieses grosse Mittel der Mensch seine Fähigkeiten, in denen er andern lebenden Geschöpfen überlegen ist, zu höherer Ausbildung und Verwerthung gebracht hat: so sehn wir doch, wie schon von den frühesten Zeiten an aus diesem natürlichsten Mittel für den Verkehr unter den Menschen sich auch die verschiedenen Formen gebildet haben, in denen die Sprache als Ausdrucksvermögen dem idealen Zuge des Menschen dient.

Zum Wesen aller schönen Künste gehört es, dass wir die uns innewohnenden natürlichen Kräfte erhöhen und verschönen. So fängt auch die Sprache erst da an, eine Kunst zu werden, wo wir mit ihr die Wirkung des Schönen erreichen wollen.

Die Erhöhung und Regelung der natürlichen Eigenschaften der Sprache führt zur poetischen Form derselben. Wie der Grundbegriff der Poesie in einer (gegenüber der gewöhnlichen Rede des Umgangs) sinnlichern Darstellung Dessen liegt, was sie in Lebhaftigkeit auszudrücken hat, so erklärt sich aus dieser Eigenheit, dem Streben nach einer sinnlichen Vorstellung aller Begriffe, schon zur Genüge, wie die Poesie bei allen Völkern einen so frühen Ursprung hat. Grade bei den naivsten, barbarischen Völkern finden wir, dass ihre Rede den lebhaftesten, sinnlichsten Ausdruck hat.

Man kann mit Sicherheit behaupten, dass in den ersten Anfängen der Poesie — in der Geschichte der Menschheit — Poesie und Musik gleichzeitig wirkten, dass das Eine nicht als getrennt vom Andern gedacht und empfunden wurde. Der Sprachgesang der Alten hatte bestimmten Rhythmus und bestimmte

1*

Ton-Vorschriften; nicht erst in den Chören der griechischen Tragiker, sondern schon bei den Aegyptern und Phöniziern *). Der „Sprachgesang" bestand in einem gewissen Grade vielleicht schon in den Uranfängen der Sprache überhaupt. Man kann danach annehmen, dass das musikalische Element, das die Sprache in ihrer Primitivität enthalten haben mag, mehr und mehr verloren ging, je reicher die Sprache an Formen wurde. Einen bedeutenden Rest jener „Musik der Sprache" wollen die Vertreter dieser Ansicht im Chinesischen erkennen. So viel Dunkel auch in dieser Sache noch herrscht, so bleibt doch für uns die Eine Erkenntniss sicher: dass T o n und R h y t h m u s die Grundbedingungen geblieben sind, welche für P o e s i e und M u s i k gemeinsam bestehen.

Die Musik hat sich erst durch weitergehende Bestimmungen für die Ton-Unterschiede von der Poesie abgesondert und zu einer besonderen Kunst sich ausgebildet. Vor allem ist die H a r m o n i e, das gleichmässige Erklingen verschiedener Töne in befriedigender Wirkung, eine Bereicherung, welche die Musik ausschliesslich für sich gewonnen hat, während die Sprache der Poesie die Ton-Unterschiede an sich, und in noch höherm Masse die Gesetze der R h y t h m i k, mit der Musiksprache gemein hat. Wie weit die Sprache, als poetischer Ausdruck, in dem Anwenden der Ton-Unterschiede sich dem Musikalischen nähern dürfe, ist eine Frage, welche verschiedene Ansichten zulassen kann. Hingegen wird der bedeutende Antheil, den die R h y t h m i k an der poetischen Sprache hat, für Jeden zweifellos sein. Der R h y t h m u s ist in der Poesie ebenso mächtig, ebenso reichhaltig und mannigfaltig, wie in der Musik; er ist die erste Grundlage für beide Ausdrucksformen der Empfindungen, für die sprachliche und für die musikalische. Der R h y t h m u s war in der Musik früher da, als die Melodie, und das Gefühl für Rhythmus zeigt sich in der mannigfaltigsten Thätigkeit des Menschen.

Der R h y t h m u s in der Sprache wird zunächst durch den Umstand bedingt, dass unsere Sprache Silben von ungleichem

*) „Ueber den Sprachgesang der Vorzeit" etc. von L e o p. A r e n d s. (Berlin 1867.)

Gehalt hat. Die Ungleichheit besteht in der verschiedenen Länge oder Schwere derselben. Gewisse Silben also treten stärker hervor als andere; wir nennen sie lange, die andern kurze, — obwohl in unserer Sprache der Unterschied weniger von der Länge abhängt, als von der Tonstärke, dem Accent. In der Metrik wird die sogenannte lange Silbe auch als Arsis oder Hebung bezeichnet, die kurze als Thesis oder Senkung. Man wird in der Beobachtung der Tonunterschiede in der gewöhnlichen Rede leicht wahrnehmen können, wie der Betonung einer Silbe stets die höhere Lage der Stimme als Mittel dient, während bei der matten (oder kurzen) Silbe der Ton sich senkt. Die für die Längen und Kürzen üblichen Bezeichnungen: — und ⏑ kommen allerdings im eigentlichen Sinne nur der alten Metrik zu, indem sie sich auf die Quantität der Silben beziehen. In diesen Quantitäts-Messungen nahmen zwei Kürzen (⏑ ⏑) denselben Raum ein, wie eine Länge (—). Es ist längst anerkannt, dass dies für unsere Sprache keine Anwendung mehr finden kann, da bei uns der Rhythmus nicht aus den verschiedenen Quantitäten der Silben gebildet wird, sondern aus dem Wechsel der betonten und unbetonten, kürzer ausgedrückt: der schweren und leichten Sylben. Wir werden deshalb im Laufe unserer Untersuchungen es häufig vorziehen, statt jener Zeichen Noten anzuwenden. Diese Musikzeichen geben uns nicht nur die natürlichen Accente durch die musikalischen Takttheile, sondern sie gewähren ausserdem für die Charakterisirung des musikalischen Rhythmus reichere Mittel. Wo wir dennoch hie und da die Quantitätszeichen der alten Metrik anwenden, nehme man für die deutsche Sprache stets nur accentuirte und matte Sylben an.

Die Regelung des Rhythmus, auch in der Mannigfaltigkeit desselben, ist es zunächst, worauf der Wohlklang der Sprache beruht. Der ungebundenen Rede, oder Prosa, kommt der Wohlklang ebenso wohl zu, als der gebundenen Rede oder Poesie. Je höher in der Prosa-Rede die Begeisterung steigt, je feuriger und hinreissender der Strom der Rede wird, um so mehr wird sie sich unwillkürlich einem rhythmischen Wohlklange nähern. Da jedoch die Prosa niemals den Rhythmus der Poesie sich aneignen darf, so sind die Gesetze für die Prosa, bezüglich des Rhythmus wie des Wohlklanges überhaupt, schwieriger, als für die gebundene Sprache. Der bei weitem grössere Theil des Studiums der Prosa wird sich auf die Gesetze des Stils zu beziehen haben. Ausserdem wird, bezüglich des rein tonlichen Sprachklangs, das natürliche Gefühl es nicht nur vermeiden, Wörter, die überreich an Consonanten sind, unmittelbar auf einander folgen zu lassen, sondern man wird auch gern eine Reihe auf einander folgender schwerer Silben vermeiden, da sie, in Ermangelung dazwischen liegender leichter Silben sich gegenseitig drücken. Auch diese Bedingung für eine gute Prosa geht zum Theil aus unserm natürlichen Gefühl für den Rhythmus hervor, der ja eben auf angemessener Abwechselung schwerer und leichter Silben beruht.

Aus diesem uns innewohnenden Gefühl für den Rhythmus hat auch die Metrik ihre bestimmten Grenzen und Gesetze für die Formen der poetischen Rede abgeleitet. Das musikalische Element, welches der Sprache überhaupt innewohnt, wird bei der poetischen Rede wesentlich gesteigert durch bestimmte Wiederholungen der Verstakte oder durch geordnete Anreihung verschiedener Versfüsse, auch ohne Hilfe des Reims, selbst ohne Gleichmässigkeit der Verslängen und ihrer Bestandtheile. Durch den schärfer geregelten Rhythmus der Alten ist der musikalische Charakter ihrer poetischen Sprache von der Prosa viel stärker unterschieden, als bei uns. Die Alten bedurften daher auch nicht des Reimes, den die neuere Poesie als gesteigertes Mittel zur Erreichung der Sprachmusik in Anspruch genommen hat. Die stärkere Hervorhebung des Rhythmus bei den Griechen und ihre darin so ausserordentlich entwickelte Kunst ging aber schon aus der Natur ihrer Sprache hervor, in welcher die Längen und Kürzen der Silben unzweifelhafter sind, als bei uns. Der Accent in der poetischen Rede war bei ihnen ganz und gar von der Qualität ihrer Silben abhängig, die durch feststehende Gesetze bestimmt war. Obwohl nun aber in unserer Sprache das musikalische Element geringer ist, als bei den Griechen und Römern, so müssen wir doch dem Rhythmus der Sprache diejenige Be-

deutung zuerkennen, die er als Grundlage und als entscheidendes
Element für die poetische Sprachform besitzt.

Die gebundene Sprache soll zunächst in einem leichten und
gefälligen Wechsel der langen und kurzen (oder schweren und
leichten) Silben bestehn; sie soll — wie man sie wiederholt cha-
rakterisirt hat — als ein „Sprachtanz" angesehen werden. J. H.
Voss sagt: Der gemessene Gang des Verses, worin eine Folge
ausdrucksvoller Bewegungen zu einem harmonischen Ganzen sich
vereinigt, müsse für sich ohne Worte gedacht werden können*).
Damit ist schon bezeichnet, wie stark die unmittelbare Wirkung
des blossen Rhythmus auf das Gefühl ist. Der Vortrag rhythmischer Sprache wirkt denn auch zu allererst auf das Gefühl, dem-
nächst auf die Einbildungskraft und erst zuletzt auf den Verstand
und — wie Goethe es ausdrückt — „auf ein sittlich vernünftiges
Behagen." Ebendeshalb ist der Rhythmus nicht nur von grosser
Wichtigkeit in jeder Dichtung, sondern er ist auch in hohem Grade
bestechend. „Denn", sagt Goethe, „ich habe ganz nulle Gedichte wegen lobenswerther Rhythmik preisen hören", — und ein
bedeutendes episches Dichtwerk, meint er, müsse deshalb auch
einmal in Prosa übersetzt werden. Auch A. W. Schlegel**)
sagt vom Silbenmass: sein verborgener Zauber habe an den Ein-
drücken der Poesie auf uns einen weit grössern Antheil, als wir
gewöhnlich glauben.

Eine wesentliche Eigenschaft scharf rhythmischer Sprache ist:
dass sich das Gesagte stärker und nachhaltiger dem Geiste einprägt. Es geht dies u. A. aus der Thatsache hervor, dass alles
Spruchartige, das aus dem Volksmund kommt, sich durch Rhythmus (oder Reim) auszeichnet; wie z. B.: Jung gewohnt, alt ge-
than; heute roth, morgen todt u. s. w. — In der Volkspoesie haben
wir die knappest und bestimmtest begrenzten Formen, und meist
wirken hier Rhythmus und Reim zusammen. Auch unsere klas-
sischen Dichter haben in allen solchen Gedichten, die einer besonders volksthümlichen Anschauung entsprungen sind, auf leicht

*) „Zeitmessung der deutschen Sprache." Von Joh. Heinr. Voss. Königs-
berg 1802.
**) „Briefe über Poesie, Silbenmass und Sprache." 1795.

ins Ohr fallenden Rhythmus und Reim Gewicht gelegt. Es sei
hier nur an die Balladen Bürger's und viele Goethe'sche Gedichte
(wie Erlkönig, Haideröslein u. a. m.) erinnert.

Betrachten wir zunächst bei der rhythmischen Bewegung das
rein stoffliche Material, so können wir die Ungleichheit der
Silben nur als eine bedingte anerkennen; denn sie existirt
nur im Zusammenhang der Silben und Wörter. In unserer Sprache ist keine Silbe an sich lang oder kurz: sie erhält die eine oder andere Eigenschaft erst im Zusammenhang mit
andern Silben. Nehmen wir z. B. zunächst einsilbige Wörter :

der, See, in ;

ferner die Silben:

sein, er, Tie, fe.

Man spreche jede dieser Silben als solche aus, ohne sprachlichen
Zusammenhang, so werden alle diese Silben eine gleiche
Stärke haben. Man verbinde jedoch diese sieben Silben zu
einem zusammenhängenden Satze, so haben wir den regelmässigen
Wechsel der Hebungen und Senkungen, also scheinbar der kurzen
und langen Silben, in dem dreifüssigen (eigentlich 3½ füssigen)
Jambus:

der See in sei-ner Tie-fe.

Es zeigt sich hierin, dass die Sprache überhaupt ohne diesen
Wechsel accentuirter und abfallender Silben nicht zu denken
ist, dass also unser natürliches Gefühl den Rhythmus fordert.
Da aber die Rhythmen in unserer Sprache sehr mannigfaltig sind,
so können wir aus diesem Umstand zurückschliessen: dass mehrere lange oder mehrere kurze Silben sehr wohl auf einander folgen
können, sonst wäre ja die Mannigfaltigkeit der Bewegung nicht
möglich.

Obwohl wir nun zugestehn müssen, dass die Länge und
Kürze der Silben nur eine relative ist, so kann man dennoch auch
in unserer Sprache eine bedeutende Anzahl von Silben und von
einsilbigen Wörtern aufzählen, die — im Zusammenhang mit
andern — unbedingt als schwere zu betrachten sind, und ebenso
eine Anzahl Silben, denen — in ihrer Stellung zu andern Silben —

niemals der Accent zukommt. Ausserdem aber steht uns noch eine beträchtliche Zahl von Silben zu Gebot, die wir in der rhythmischen Sprache ebensowohl für Hebungen, wie für Senkungen verwenden können; es sind dies die sogenannten mittelzeitigen Silben, die in der Metrik so ⌣ bezeichnet werden. Das Gewicht dieser mittelzeitigen Silben richtet sich ganz nach der Nachbarschaft. Wenn wir das Wort welch in der Zusammensetzung: „welch Handwerk" anwenden, so wird es durch das Uebergewicht der folgenden Silbe als kurz gelten; wenn wir dagegen sagen: „welch Gewerbe", so wird durch die darauf folgende matte Silbe (in: Gewerbe) das Gewicht des vorausgehenden mittelzeitigen Wortes der Art verstärkt, dass ihm der volle Accent zu Theil werden kann.

Schon diese Wörter von unsicherm Gewicht weisen darauf hin, dass wir beim Lesen oder rhythmischen Empfinden von Versen zunächst die rhythmische Bewegung des Ganzen, so zu sagen die Melodie, erkennen müssen, weil sonst das Auge über die einzelnen rhythmischen Theile sich leicht täuschen kann. Nehmen wir z. B. in dem Schiller'schen Gedichte „Der Jüngling am Bache" die Verse·

> Was soll mir die Freude frommen,
> Die der schöne Lenz mir beut?

so würden wir, ohne zuvor die rhythmische Melodie der in diesem Gedichte durchgehenden vierfüssigen Trochäen in uns aufgenommen zu haben, den ersten der beiden vorstehenden Verse leicht auch so accentuiren:

> Was soll mir die Freude frommen — ?
> ⌣ — ⌣ — ⌣ — ⌣ — ⌣

Wie die Sprache überhaupt zunächst nur für das Ohr vorhanden war und wie auch die Poesie nur durch den Sinn des Ohres zur vollen Wirkung kommt, so gilt dies ganz besonders auch vom Rhythmus. Wenn man still für sich ein Gedicht liest, so hat man oft Schwierigkeiten, über gewisse rhythmische Theile hinweg zu kommen. Ganz natürlich: Das Auge, ehe es den Rhythmus begreift, wird ihn unwillkürlich erst in Gedanken erklingen lassen. Nur auf solchem Umwege, nur durch solchen, ohne unser

Bewusstsein sich vollziehenden Prozess kann das Auge zum Verständniss des musikalischen Rhythmus gelangen. Was wir als
Takt-Einschnitte für den Rhythmus auf dem Papier sehn, ist ja
zunächst nicht der Rhythmus selbst, denn dieser lässt sich nur
hören; es sind vielmehr nur die Zeichen, durch deren vermit-
telnde Anweisung wir erst zur Erkenntniss des letzten Zweckes
kommen.

Aus dem Umstand, dass bei den Alten das Ganze der poetischen Form im Rhythmus lag, ist der natürliche Schluss zu
ziehen, dass die streng gemessenen Rhythmen in der poetischen
Sprache der Alten, ebenso die Nachbildungen antiker Rhythmen
in unserer Sprache, schärfer im Takt gesprochen werden müssen,
als es bei der neuern lyrischen Poesie der Fall zu sein braucht
und sein darf. Gereimte Verse lassen die Form — der Verse
sowohl wie der daraus zusammengesetzten Strophen — schon an
sich deutlicher hervortreten, da der Reim ohne jede absichtliche
Betonung ins Ohr fällt, und gewisse Gliederungen des metrischen
Baues erkennen lässt.

Um die Bedeutung des Versmasses ganz zu würdigen, muss
man sich erst klar darüber werden, wie sehr ein bestimmtes Metrum
mit dem Gedanken, welchem es die Form geben soll, innig verbunden ist. Schon Aristoteles (Dichtkunst, Cap. 4.), indem er
erwähnt, wie durch Aeschylos und Sophokles in der Tragödie
erst das ihr zukommende Silbenmass eingeführt wurde, bemerkt
dabei: dass die frühern vierfüssigen Verse der Dichtkunst ent-
sprochen, welche „nur Lustigkeit und Tänze zur Absicht hatte."

Bei aller wahren Poesie wird Gedanke und Form nicht von
einander zu trennen sein, weil Beides gleichzeitig geboren wird.
Es ist daher auch nur selten geglückt, eine ursprünglich in
Prosa geschriebene bedeutende Dichtung in Verse zu übertragen.
Ebenso wird bei Uebersetzungen aus anderen Sprachen durch eine
Umänderung des Versmasses die Dichtung meist das ihr eigen-
thümliche Gepräge verlieren. Seitdem bei uns der fünffüssige
Jambus die Herrschaft für die höhere Tragödie erlangt hat, sind
auch die Alexandriner der französischen Tragiker in Misskredit
gekommen. Dennoch ist für gewisse Tragödien und Komödien

der Franzosen der Alexandriner das unentbehrliche Kleid, das sich, auch bei Uebertragungen in eine andere Sprache, nicht abstreifen lässt, ohne dass die ganze Dichtung eine andere Physiognomie erhält. Als A. W. Schlegel sich zuerst, noch in Gemeinschaft mit Bürger, mit dem Uebersetzen Shakespeare's beschäftigte, hing er noch sehr an der alexandrinischen Versform. In seinen spätern Umarbeitungen seiner eigenen frühsten Uebersetzungen hat er dann meist die frühern Alexandriner auf das rechtmässige Metrum des Originals, auf die fünffüssigen Jamben, zurückgeführt. Wie leicht ihm das überall wurde, ersehen wir aus den vorhandenen Manuscripten Schlegel's; denn die Vergleichung der spätern Form mit der frühern zeigt uns, dass er in den meisten Fällen dem Alexandriner nur ein paar überflüssige Silben zu streichen brauchte, und er hatte die besten Jamben vor sich. Die der Uebersetzung zukommende Sprache des Originals machte sich also hier auf's Ueberzeugendste geltend.

Müssen wir auf Grund aller dieser Beobachtungen zugestehen, dass Rhythmus, Versbau und Reim mehr bedeutet, als blossen Schmuck und Zierath, der beliebig angethan und abgelegt werden kann, so werden wir es auch als unerlässlich erachten müssen, dass beim Sprechen von Versen der Charakter des Verses gewahrt bleibe; d. h. das Metrum soll nicht nur verstanden, sondern es soll auch gehört werden. Jedes Versmass hat seine besondere rhythmische Melodie; wenn diese nicht zum Gehör kommt, so fehlt dem Vortrag der Verse das ihnen eigenthümliche musikalische Element.

Bei diesem Festhalten der Gesammt-Melodie des Gedichtes ist es aber anderseits auch nöthig, dem Dichter da nachzufühlen, wo er sich Abweichungen von dem strengen metrischen Schema gestattet, wo er gewisse Accente verlegt, ohne den Wohlklang des ganzen Verses dadurch zu schädigen. Wo der Dichter sich derartige Unregelmässigkeiten gestattet, da unterbricht er nur zuweilen das metrische Schema, aber er fordert nicht, dass der logische Accent zu Gunsten des metrischen geopfert werde. Es wird nun beim Vortrag der poetischen Rede

ganz besonders darauf ankommen, in solchen Stellen eine **A u s-
g l e i c h u n g** zu finden, durch welche der natürliche Accent **des
Wortes** einerseits zu seinem Rechte kommt, während anderseits
doch die Durchbrechung der metrischen Gleichheit nicht **allzu
auffällig** werde.

Für solche Fälle, wo es zu Gunsten der metrischen **Form**
nur auf ein etwas weiteres Ausdehnen (nicht Betonen) der an sich
matten Silben ankommt, werden wir durch die **M u s i k z e i c h e n**
ebenfalls ein viel richtigeres Bild des Rhythmus erhalten, als
durch die metrischen Bezeichnungen von kurz und lang. Neh-
men wir z. B. die ersten Verse aus Schiller's **K l a g e d e r C e r e s :**
„Ist der holde Lenz erschienen" etc. Dies Gedicht ist ebenfalls im richtigen trochäischen Versmass, und zwar abwechselnd
in vierfüssigen und in dreieinhalbfüssigen Trochäen. Nach den
metrischen Zeichen würde hier das Schema sein:

$$- \smile - \smile - \smile -$$
$$- \smile - \smile - \smile -.$$

Hiernach aber würde in jedem der vier ersten Verse der Accent
stets eine an sich kurze, oder doch mindestens mittelzeitige
Silbe treffen:

> Ist der holde Lenz erschienen?
> Hat die Erde sich verjüngt?
> Die besonnten Hügel grünen,
> Und des Eises Rinde springt.

Die Accentuirung dieser Verse nach dem obigen metrischen
Schema würde aber, ganz abgesehen von der Ungehörigkeit, auch
gar nicht einmal nöthig sein, um die Melodie des ganzen Versmasses zum Ausdruck zu bringen. Wenn man hingegen für
diese vier Verse sich ein N o t e n - Schema macht, so würden wir
— ohne lange und kurze Noten zu brauchen — die natürlichen
Accente durch den Takttheil gewinnen, indem wir für den $^4/_8$-
Takt die zwei ersten Achtel des Volltaktes pausiren:

Ist der   hol-de Lenz er-schienen, hat die   Er-de sich ver - jüngt?
Die be - sonnten Hü-gel grü-nen und des Ei-ses Rin-de springt.

Wir würden hier also in den Worten: Die besonnten Hügel weder metrisch zu accentuiren brauchen: — - — ⌣ — —. noch streng nach dem natürlichen Silbengehalt: ⌣ ⌣ — ⌣ — — ; denn wir müssen dem kurzen Artikel hier — ohne ihn zu accentuiren — diejenige Ausdehnung geben, die ihm für das bestimmte trochäische Metrum zukommt. Die natürlichen Accente giebt aber schon die musikalische Takttheilung, ohne dass wir nöthig hätten, die Silben durch lang und kurz zu unterscheiden. Freilich gilt dies nur von solchen Versen, die trochäisch oder jambisch sind. Bei solchen hingegen, die auch Daktylen oder Anapästen haben, werden wir bei der Notenbezeichnung uns nicht mit den gleichmässigen Achteln begnügen können, sondern auch bei den Noten die Verschiedenheit der Zeitdauer in Anwendung bringen. Wollten wir bei dem Hexameter, z. B. dem ersten in Voss' „Luise", das metrische Schema genau in das Zeitmass der Noten übertragen, indem wir an dem Grundsatz festhalten, dass zwei Kürzen dem Zeitmass einer Länge gleich sind, so würden wir es so bezeichnen müssen:

Drau-ssen in luftiger Kühle der zwei breitlaubigen Linden.

Die Musikzeichen geben uns aber viel reichere Mittel zur Charakterisirung eines scharf markirten Rhythmus, und wir würden mit Anwendung dieser Mittel den obigen Hexameter also bezeichnen:

Draussen in luftiger Kühle der zwei breitlaubigen Linden.

Einen weitern Vortheil gewährt uns die Notenbezeichnung bei jenen Versen, die durch eine stark fühlbare Çaesur in zwei gleiche Hälften getheilt sind, wie beim Pentameter. Denn wir können mit den Noten auch zugleich die Zeichen für die Pausen anwenden und diese auf ein ganz genaues Mass feststellen, was bei der alten Silbenbezeichnung nicht möglich ist. Für den Pentameter in dem bekannten Schiller'schen Distichon:

14

Im Hexameter steigt des Springquell's flüssige Säule,
Im Pentameter drauf — fällt sie melodisch herab
würden wir dieses Notenbild erhalten*):

Ebenso haben wir für den Nibelungen-Vers, in welchem die Caesur so stark hervortritt, die Achtelpause. Wir nehmen hier für die Notenbezeichnung den ⁴⁄₈ Takt; hiernach würde z. B. der erste Vers in Chamisso's Abdallah, in welchem der Nibelungen-Vers der neuern Dichtung mit der ganzen Freiheit des ihm zukommenden Rhythmus behandelt ist, folgendes Notenbild erhalten:

Ab - dallah liegt be - haglich am Quell der Wüste und ruht.

Es braucht kaum gesagt zu werden, dass alle solche Bezeichnungen nur theoretische Bedeutung haben, und dass für den künstlerischen Vortrag eine massvolle Freiheit der Bewegung erfordert wird. In gewissen Fällen, wo im Verse schwere und leichte Silben nicht dem metrischen Schema entsprechen, wird man ganz ausser Zweifel sein, wie man beim Sprechen zu verfahren hat. In dem zweiten der nachfolgenden Verse aus der „Glocke":

Lieblich in der Bräute Locken
Spielt der jungfräuliche Kranz,

fällt der zweite Versfuss entschieden aus dem trochäischen Metrum dieser Verse. Wir werden hier aber ohne Bedenken in dem Worte „jungfräulich" den beiden ersten Silben ihren Accent lassen, und der dritten Silbe noch eine schwebende (oder mittelzeitige) Betonung geben können, durch welche sie das angehängte matte e überwiegt und wieder in den Trochäus einlenkt. Das Hölderlin'sche Gedicht „Das Schicksal" beginnt die beiden ersten

_____
*) Man möge es mir gestatten, dass ich beim ersten Verstakt hier für den Spondeus den Trochäus annehme, der ja bei uns ohnedies häufig für den Spondeus eintreten muss.

Zeilen mit je zwei aufeinander folgenden Wörtern, denen nur
eine schwebende Betonung zugestanden werden kann:

Als von des Friedens heil'gen Thalen,

 ⌣ ⌣ ⌣ _ _ ⌣ _ ⌣ _ ⌣

Wo sich die Liebe Kränze wand —,

⌣ ⌣ ⌣ _ _ ⌣ _ ⌣ _

Hier tritt also wieder der schon erwähnte Fall ein, dass wir
den unbedeutenden Silben zu Gunsten des Metrums eine breitere
Ausdehnung geben müssen, ohne sie zu accentuiren.
Durch solche und noch grössere Abweichungen — auch im
Vortrag — wird der metrische Charakter des ganzen Verses
keineswegs geschädigt; denn sowohl derartige unbestimmte metrische Accente, wie auch entschiedene Verlegungen des Accentes
werden überwogen durch den rhythmischen Gang des
Ganzen, in dessen überwiegenden Verstheilen der musikalische
Charakter des Metrums bestimmt wird. Je häufiger und je
bedeutender die Modulationen sind, um so bestimm-
ter, schärfer wird die Grund-Tonart zum Gehör gebracht werden müssen. Unter allen Umständen wird es
daher erforderlich sein, vor dem lauten Sprechen eines Gedichtes
erst über die rhythmische Melodie desselben im Klaren zu sein,
damit auch in den verschiedenen Ausweichungen diese Melodie
nicht dem Gefühl entschwinde.

Eine besondere Beachtung werden wir noch einer Gattung
der rhythmischen Poesie schenken müssen, welche speziell für
die Tragödie eine grosse Bedeutung gewonnen hat: den reim-
losen fünffüssigen Jamben.
A. W. Schlegel bezeichnete dies Versmass als das dem Wesen
des Dramas am meisten entsprechende, weil es „weder die feier-
liche Fülle des epischen, noch die melodische Fülle des lyrischen
habe“, weil es „den gewöhnlichen Schritt der Rede beflügele,
ohne sich zu auffallend von ihm zu entfernen*).“

---

*) A. W. Schlegel in: „Etwas über Shakespeare“ etc. (Schiller's „Horen“,
1796, 4. Stück.)

16

Mit dieser Charakteristik des Silbenmasses ist auch zugleich
der wichtigste Grundsatz für den Vortrag der dramatischen
Jamben ausgesprochen. Weil Schlegel in diesem Versmass für
das Drama einen regelmässigen Wechsel der langen mit der
kurzen Silbe nicht nur für unmöglich, sondern auch für fehler-
haft hielt *), so folgerte er, dass diese Verse sehr uneigent-
lich Jamben genannt würden; „man sollte sagen: zehnsilbige
Verse mit männlichem Schluss, elfsilbige mit weiblichem.‟ Mit
der blossen Silbenzahl würde dann aber doch die Form nicht
bezeichnet sein; denn wenn auch die Accente unregelmässig
wechseln dürfen, so ist damit doch noch keine völlige Willkür
gestattet. Richtiger wäre es vielleicht, zu sagen: Die Frei-
heiten, welche im Wechsel der metrischen Accente bei den
lyrischen Versformen gestattet sind, kommen dem dramatischen Verse in noch weit höherem Masse zu. In der That
kommt der jambische Vers überhaupt der natürlichen (ungebundenen)
Rede des Menschen am nächsten. Schon Aristoteles bemerkte
dies mit Bezug auf die griechische Sprache. Wir können nun
zwar andern Versfüssen ebenfalls einen bedeutenden Antheil
an der gewöhnlichen Rede des Umgangs zugestehn, indem wir
häufig genug Trochäen, Daktylen und Anapästen in der Rede
gebrauchen. Dass aber auch bei uns der jambische Vers der
ungebundenen Rede des Gesprächs am nächsten kommt, finden
wir schon in dem Umstand begründet, dass — wenn es sich
um einen Versfuss handelt, der in der poetischen Form der
Sprache dominiren soll — der jambische Rhythmus der am
wenigstens auffällige ist.

Als Lessing einen Theil seines Manuscriptes vom „Nathan‟
seinem Bruder Karl übersandte, schrieb er dabei u. A.: „Meine
Prosa hat mir von jeher mehr Zeit gekostet, als Verse. Ja, wirst
du sagen, als solche Verse! Mit Erlaubniss, ich dächte, sie
wären viel schlechter, wenn sie viel besser wären.‟ Unter diesem
„viel besser‟ konnte Lessing nur verstehn: wenn sie glätter wären,

*) In seiner „Abfertigung eines unwissenden Rec nsenten der Schlegel-
schen Uebersetzung des Shakespeare.‟ (Athenäum, 1800.)

streuger an die metrische Form gebunden. In der That ging Lessing bei seinem Gebrauch der dramatischen Jamben nach eng-
lischem Muster mit grosser Kühnheit zu Werke, indem er der
bis dahin bestandenen Ansicht über das Verhältniss der Satz-
Perioden zu der metrischen Gliederung eine solche Freiheit der
Behandlung entgegensetzte, dass man daraus eine ganz bestimmte
und wohl überlegte Opposition gegen den herrschenden Zwang
erkennen muss. Schiller war der Erste, welcher von der durch
Lessing eroberten Freiheit in weiterm Umfange Gebrauch machte.
Diese Freiheit in der Anwendung des dramatischen jambischen
Verses bestand also hauptsächlich darin, dass man sich nicht
scheute, wo der natürlichste Ausdruck des Gedankens dazu hin-
leitete, die Versausgänge unbeachtet zu lassen. Man nahm die
Freiheit in Anspruch, einen Satztheil, der keine metrische Unter-
brechung duldete, aus der einen Verszeile in die andere ganz un-
gehemmt hinüber zu führen; ja die Versausgänge wurden auch
da gänzlich ignorirt, wo dieselben zwei eng aneinander schlies-
sende Wörter metrisch trennen. Dabei liegt nun ganz selbstverständlich die Absicht vor, dass nicht etwa die Versabschnitte beim
Sprechen markirt, sondern vielmehr, dass sie zu Gunsten des logischen Gedankens aufgegeben werden, obwohl sie ja für das
Auge, auf dem Papier, bestehn. Die zweite, im dramatischen
Jambus bestehende Freiheit bezüglich der metrischen Form ist
die Unabhängigkeit gewisser logischer Accente von dem Silbenmass, indem häufig eine unbedingt schwere Silbe auf eine Stelle
fällt, die im jambischen Rhythmus strenggenommen eine Senkung
erfordert, oder umgekehrt. So bei Schiller:

Die Uhr schlägt koinem Glücklichen.
⌣ — — — ⌣ — ⌣ —

oder:

Hat Mutter Natur in stillen Klostermauern —
⌣ — ⌣ — ⌣ — ⌣ — ⌣ — ⌣

Auch hier macht, wie schon bemerkt, der dramatische Vers nur
in grösserm Masse von der Freiheit Gebrauch, die in beschränk-
terer Weise auch der lyrische Dichter hat. Nach dieser Freiheit
der Bewegung der Sprache, die dadurch für das Drama einen be-

lebteren Gang und natürlichern Ausdruck erhält, hat sich auch
der Sprecher beim Vortrag solcher Verse ganz und gar zu richten.
Und wie der Dichter trotz solcher vorkommenden Unterbrechungen
des Rhythmus doch den rhythmischen Wohlklang nie aufgeben darf,
so gilt dasselbe Gesetz des Wohlklanges, bei grösstmöglicher Na-
turwahrheit, auch für den deklamatorischen Vortrag solcher Verse.
Bei diesen Erfordernissen ist es natürlich, dass die Einführung
des dramatischen Jambus für die Bühne nicht ohne grosse Schwierigkeiten durchgesetzt werden konnte. Es ist bekannt, dass in
Berlin eine ausgezeichnete und gewissenhafte Schauspielerin, als
die Schiller'schen Vers-Dramen auch der Kunst der dramatischen
Darstellung neue Aufgaben stellten, beim Einstudiren ihrer
Rollen sich die Verse erst in Prosa umschrieb*). Wenn hierin
das Bestreben lag, den Klang des Verses nicht über den logischen
Accent die Herrschaft gewinnen zu lassen, so hatte man sich dabei
doch auch zu hüten, nicht in den entgegengesetzten Fehler, in den
Ton der nüchternen Prosa zu verfallen. Schiller selbst berührt
einmal dies Thema in einem Briefe an Körner (23. Sept. 1801).
Er schrieb über die Darstellung der Maria Stuart durch die be-
rühmte Unzelmann u. A.: „Man möchte ihr noch etwas mehr
Schwung und einen mehr tragischen Stil wünschen. Das Vor-
urtheil des beliebten Natürlichen beherrscht sie noch zu
sehr; ihr Vortrag nähert sich dem Conversationston, und Alles
wurde mir zu wirklich in ihrem Munde: Das ist Iffland's Schule
und es mag in Berlin allgemeiner Ton sein. Da wo die Natur
graziös und edel ist, wie bei Mad. Unzelmann, mag man sichs
gefallen lassen, aber bei gemeinen Naturen muss es unausstehlich
sein." Was bei dem jambischen Vers unsers Drama's für den
Dichter als poetisches Gesetz gilt, das muss als wesentlicher
Grundsatz auch für den Vortrag dieses Verses seine Anwendung
finden. Einerseits darf die freiere Bewegung des dramatischen
Ausdrucks nicht durch einen Zwang der metrischen Form behindert

*) In Teichmann's Litterar. Nachlass (herausgeg. von Dingelstedt, 1863)
wird noch aus d. J. 1811 ein scharfer Angriff gegen Iffland mitgetheilt, worin
es heisst: „Er liebt die dramatische Poesie so wenig, dass er seinen Schülern
einprägt, die Verse nicht hören zu lassen, sondern sie wie Prosa vorzutragen."

werden; anderseits aber darf diese freiere Bewegung nicht die
Schranken der poetischen Form ganz verlassen. Auch hierfür wird
ein gewisses musikalisches Gesetz zu beobachten sein: Die
Modulationen in einer bestimmten Tonart, die rhythmischen Man-
nigfaltigkeiten auch innerhalb desselben Taktes, sind in der Dichtung wie auch im Vortrag dieser Verse geboten; aber die Tonart selbst und der Charakter des bestimmten Taktes darf nicht
ganz dabei dem Gefühl entschwinden.

Gilt dies Beides im erhöhten Masse für die lyrischen Formen der Poesie, so kommt bei diesen noch die Beobachtung der
bestimmten Melodie hinzu, welche dem Vers - Charakter innewohnt, und welche unter allen Umständen gewahrt bleiben muss.

Es ist schon vorher angedeutet worden, wie mit dem Wechsel
der accentuirten und abfallenden Silben auch die Verschiedenheit
der Tonlage in Verbindung steht; indem jede mehr oder weniger
accentuirte Silbe eine Hebung des Tons erfordert, während bei
den matten Silben der Ton sich abwärts senkt. In diesen Ton-
Unterschieden haben wir neben dem Rhythmus ein zweites musikalisches Element der Sprache, das einerseits mit der Bedingung des Rhythmus zusammentrifft, anderseits aber doch auch
in sich selbst einer gewissen Entwickelung fähig ist. Joh. H. Voss
sagt ganz richtig: die Höhe des Tons bedinge nicht den Accent,
sondern sie begleite ihn nur. Auch dies wird durch Notenbezeichnung zu klarerer Anschauung zu bringen sein. Man nehme
z. B. das jambische Wort Gewalt. Wollen wir hier die Erhebung
des Tons zum Accent musikalisch ausdrücken, so würden wir als
Intervall ungefähr eine Quarte erhalten, — nur ungefähr, denn
das gesprochene Wort deutet die Töne nur unsicher an, und wir
können beobachten, dass der auf die accentuirte Silbe fallende
höhere Ton sich plötzlich wieder (in der nämlichen Silbe) abwärts
senkt; d. h. er bleibt nicht, wie beim Gesange, auf dem zuerst
angeschlagenen Ton fest stehen. Diese Schwankung abgerechnet,
würde also in dem Worte Gewalt die Quart lauten:

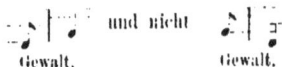

und nicht

Gewalt.   Gewalt.

Aber auch in dem zweiten Falle, also bei der umgekehrten **und** unrechtmässigen Tonfolge, würde doch immer die zweite **Silbe** den Accent haben; denn wenn die höhere Tonlage **und der** Accent gleichzeitig der matten Silbe übertragen würden, **so** müsste es, mit Hinzufügung des Artikels,

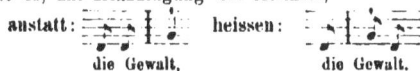

anstatt: [♪ musical notation] heissen: [♪ musical notation]

die Gewalt,   die Gewalt.

So spricht aber kein Deutscher: hingegen kommt wohl die falsche Anwendung der höhern Tonlage für die matte Silbe vor und ist z. B. ein charakteristisches Merkmal des sächsischen Dialektes. Es möge hierfür auch ein trochäisches Wort als Beispiel dienen; das Wort Le b e n würde in richtiger Tonvertheilung lauten:

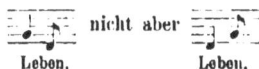

[♪ musical notation] nicht aber [♪ musical notation]

Leben,   Leben,

es müsste denn das Wort einen Fragesatz schliessen, welcher im letzten Worte in eine höhere Tonlage aufzusteigen pflegt*).

Nach dieser beiläufigen Betrachtung möge hier noch Einiges erörtert werden, was den eigentlichen **deklamatorischen** Vortrag angeht.

Wenn schon der Rhythmus in seiner Mannigfaltigkeit von Einfluss auf das Tempo überhaupt ist, so ist es doch selbstverständlich nicht die rhythmische Bewegung allein, die hier bestimmend wirkt.

Hinsichtlich des für den Vortrag einer bestimmten Dichtung zu wählenden Tempo's wird zunächst die Gattung im Allgemeinen zu berücksichtigen sein: mehr aber noch innerhalb der bestimmten Gattung der spezielle Gegenstand der Poesie. Wenn

---

*) Anderseits finden wir ein charakteristisches Merkmal des ostpreussischen Dialektes darin, dass, obwohl eine Umkehrung der höhern und tiefern Lage nicht stattfindet, doch die Intervalle übertrieben werden: indem der Ostpreusse statt [♪ musical notation] sagen wird: [♪ musical notation]

     Leben   Leben.

es ganz ausser Zweifel steht, dass in einer so umfassenden Dichtung wie Schiller's „Glocke" die Stelle: „Von dem Dome schwer und bang" u. s. w. ein langsameres Tempo erfordert, als die Schilderung der Revolution oder der Feuersbrunst, oder auch als die Verse: „Der Mann muss hinaus" etc. und derartige lebhaftere Gefühlsschilderungen, so werden wir doch auch in weitern Begrenzungen für weniger scharf gezeichnete Unterschiede das Tempo leicht bestimmen können. Wo z. B. ein besonderer Vorgang geschildert ist, wird es ein Unterschied sein, ob die Dichtung sogleich inmitten der Haudlnng beginnt, oder ob sie erst in breiter Ruhe die Handlung sich allmählig entwickeln lässt. Wo gleich mit dem Anfang des Gedichtes der Leser oder Hörer schnell in die lebhafteste Aktion oder Gemüthserregung versetzt wird, wie z. B. in Bürger's „Wildem Jäger" oder „Lenore", oder wie es besonders meisterhaft in Schiller's „Bürgschaft" ausgeführt ist, da muss dem Vortrag auch gleich im Anfang eine gewisse Lebhaftigkeit des Tempo's zu Theil werden, aber ohne Hast, damit bei der Kürze der Schilderung nicht auch die Klarheit verloren gehe. Wo hingegen der Dichter in breiterer Anlage uns erst mit dem Boden vertraut macht, auf dem die Handlung sich entwickelt, wie in Uhland's „Des Sängers Fluch", oder in Schiller's „Kranichén des Ibikus", wird auch ein ruhigeres, wenn auch nicht schleppendes Tempo am Platze sein.

Sowohl hinsichtlich des Tempo's wie auch der Tonlage wird man bei dem durch den Inhalt gebotenen Wechsel stets ein künstlerisches Mass halten müssen und zu schroffe Abweichungen zu vermeiden haben. Das Tempo wird in den meisten Fällen mit dem gesteigerten Ausdruck verbunden sein und von dem Masse des Affectes abhängen.

Hiermit kommen wir auf diejenige Bedingung der Deklamation, welche ebenso als das erste, wie als das letzte Moment derselben betrachtet werden muss: auf den wahren Ausdruck der Empfindung. Das eigene, innere Empfinden Dessen, womit der Sprecher auf das Gemüth der Hörer einwirken soll, lässt sich zwar durch keinerlei Regeln, Beobachtungen und Studien

erzeugen, aber es kann wohl künstlerisch beherrscht und ge-
leitet werden; ja, es ist dies für die Deklamation sogar erforderlich. Für das empfindungsvolle Sprechen eines Gedichtes
ist vor Allem nöthig, die demselben zukommende Grundstimmung
zum Ausdruck zu bringen. Diese aus der Wahrheit der Empfindung sich gestaltende Grundstimmung wird mit der musikalischen, welche durch die rhythmische Form gegeben ist,
harmonisch verschmolzen sein und als eine einheitliche erklingen
müssen. Um diesen, für das Ganze giltigen Grundton zu finden,
wird man zunächst zu unterscheiden haben, ob das Gedicht ob-
jectiv, ob es erzählend ist, oder ob es Empfindungen schildert,
die die eigene Brust bewegen. Beide Töne werden häufig, ja
vielleicht in den meisten Fällen, in einer Dichtung wechseln;
denn auch da, wo man Empfindungen und Affecte schildert,
welche Andere bewegen, wird man dieselben doch bis zu einem
gewissen Grade sich zu eigen zu machen haben. Tritt der
Affect in dem Gedichte schon zeitig, im Beginn desselben in
den Vordergrund, und bleibt er in dem Gedichte überwiegend,
so wird danach auch der den erzählenden Theilen des Gedichtes
zukommende Ton zu modifiziren sein: d. h. er darf nie so ob-
jectiv gehalten werden, dass er bis zur Gleichgiltigkeit herab-
sinkt, wo es sich im Ganzen um etwas Bedeutungsvolles handelt.
Wo dramatisch gehaltene Reden vorkommen, wo der Dichter
verschiedene Personen selbst reden lässt, hat man sich auf das
Allernothwendigste zu beschränken, um den Unterschied der
redenden Personen zu markiren, und man wird darin nie so
weit gehn dürfen, wie in der wirklich dramatischen Rede. Wenn-
gleich z. B. in Goethe's „Erlkönig" verschiedene Personen reden,
der Vater, das Kind und der Erlkönig, so ist dennoch der Charakter des ganzen Gedichtes ein so entschieden lyrischer, dass
es durchaus eine Verletzung der poetischen Intention wäre,
wollte man versuchen, die verschiedenen Personen auch durch
verschiedene Stimmen zu individualisiren. Das Ganze ist ein
so einheitliches Stimmungsbild und so ganz das Produkt poetischer Anschauung, dass jeder fremde Ton hier den poetischen
Nebel, der es umhüllt, zerreissen würde.

Auch in dem Anwenden absichtsvoller starker B e t o n u n g e n
einzelner Wörter wird man im Ganzen sparsam verfahren müssen;
ohne Bedenken kann solch besonderes Hervorheben einzelner
Wörter nur da angewendet werden, wo es sich um Hervorhebung gewisser Gegensätze handelt, oder wo dem Einen Wort
eine aufklärende oder entscheidende Bedeutung zukommt. Es
ist aber nicht immer die gesteigerte Kraft und Bestimmtheit,
womit man ein einzelnes Wort hervorzuheben hat; es kann dies
häufig mit stärkerer Wirkung durch eine grössere räumliche
Ausdehnung des betreffenden Wortes, oder auch des ganzen
Satzes, der dies Wort enthält, geschehn. Oft wird sich ein
einzelnes Wort auch dadurch bedeutungsvoll hervorheben lassen,
dass man unmittelbar davor einen leeren Raum lässt, und durch
eine solche (freilich nur kurze) Pause die Bedeutung des folgenden Wortes vorbereitet. Eine solche, die Aufmerksamkeit heraus-
fordernde Pause kann auch früher als vor dem entscheidenden
Wort eintreten, wie am Schlusse des „Erlkönig" vor den Worten:
„— war todt;" ja diese Pause kann auch eine ganze Folge von
Wörtern einleiten, wo diese doch nur den einen Begriff reprä-
sentiren; wie am Schlusse von Goethe's Fischer:

Halb zog sie ihn, halb sank er hin, (—)
Und (—) ward nicht mehr gesehn.

So wird man in häufigen Fällen durch eine derartige Spannungs-
Pause die Bedeutung eines einzelnen wichtigen Wortes viel
mehr hervortreten lassen, als es die stärkste absichtsvolle Betonung vermöchte.

Mit den logischen Betonungen, soweit sie einzelne Wörter
betreffen, ist es überhaupt eine eigene Sache; und man wird
gut thun, danach nicht allzu eifrig zu suchen. Es ist doch
immer der Sinn eines ganzen Satzes, den man zum Verständniss zu bringen hat, und der ist nicht immer durch Ein Wort
hervorzuheben. So ist es mit der bekannten Streitfrage: welches
Wort denn in der ersten Zeile vom Monolog des Tell (im
4. Akt) besonders zu betonen sei? So etwas kann nur dann
überhaupt eine Frage sein, wenn eben kein Wort eine ganz
aparte Hervorhebung beansprucht. Man umschreibe den bezeich-

neten Vers in Prosa, nämlich so: „Dies ist die hohle Gasse,
durch welche er kommen muss." — so wird gewiss Niemand im
Zweifel sein, wie das zu sprechen wäre? Genau danach wähle
man die Betonungen auch für die Verstorm, und man wird finden,
dass alle fünf Hebungen des Verses gleich zu betonen sind,
nur vielleicht die dritte und letzte Hebung um etwas schwächer.
So wird man in den meisten Fällen, in denen ein Zweifel auf-
kommen könnte, bei einfacher Darlegung des Sinnes zu dem
Resultat gelangen, dass die Betonungen auf mehrere Wörter zu
vertheilen sind.

Wenn wir schliesslich nochmals auf die Aeusserungen der
Affecte im deklamatorischen Vortrag zurückgehn, so werden
wir an das darüber Gesagte noch Eine Frage zu knüpfen haben,
die ein sehr wichtiges Prinzip der Deklamation betrifft. Es ist
die Frage: Ob und wie weit die Gestikulation Antheil an
dem blossen deklamatorischen Vortrag haben dürfe?

Blicken wir auch hierin zurück auf unsere ältesten und
grössten Vorbilder, so erfahren wir nur, dass in der Kunst der
Beredtsamkeit bei den Alten allerdings der grösste Nachdruck
in die Mitwirkung der Gesten gelegt wurde, durch Demosthenes
und durch Cicero. Es ist aber ein grosser Unterschied, ob ein
Volksredner vor der Menge steht und diese für bestimmte Zwecke,
für seine Absicht gewinnen will, oder ob man es nur mit dem
Vortrag eines poetischen Produktes zu thun hat, das für sich
selbst schon Zweck ist. Hiermit ist denn auch die Frage zum
Theil schon beantwortet. Ob die Gestikulation gestattet ist oder
nicht, wird einestheils von dem Charakter des Vorzutragenden
abhängig sein, anderseits von der Zusammensetzung der Zuhörerschaft. Beim Vortrag dramatischer Poesie wird die Mitwirkung
von Gesten entschieden zu gestatten sein. Für die lyrische
Poesie hingegen ist die Mimik im weitern Sinne einzig auf den
Gesichtsausdruck zu beschränken. In jedem Falle aber wird
das Mass von Mimik abhängig sein von der Grösse des Raumes,
in welchem man die Wirkung zu erreichen hat, und von der
Zuhörerschaft. Je grösser Raum und Zuhörerschaft, um so mehr

wird es gestattet sein, die blos stimmlichen Mittel noch durch die Hilfe der Mimik, der „körperlichen Beredtsamkeit" überhaupt zu verstärken. Aber auch in dem äussersten Falle dürfen die Gesten sich nur da herauswagen, wo sie ohne Absicht und Ueberlegung sich dem Worte beigesellen, wo wir uns sagen können: Wenn ich diese vom Dichter geschilderte Begebenheit selbst erlebt, oder wenn ich aus meinem eigenen Innern zu sprechen hätte — ohne Rücksicht auf einen künstlerischen Zweck, — so würden Kopf, Hände und Arme wahrcheinlich in solcher Weise dabei thätig sein. Man wird aber nie ausser Acht lassen dürfen, dass die Sprache eine selbständige Macht ist, und eine so grosse Macht, dass sie anderer mitwirkender Kräfte muss entbehren können, diese mögen nun auf das Ohr (wie die Musik) oder auf das Auge (wie der mimische Ausdruck) hinzielen. Jemehr man solche Mitwirkung zulässt, um so mehr wird man die ausserordentliche Macht der Sprache in ihrem Werthe verringern.

Für alle Bedingungen des künstlerischen Vortrags wird sich eine erschöpfende Theorie schwerlich aufstellen lassen. Nur durch die Mitwirkung des lebendigen Wortes kann man zu den letzten Zielen dringen. Die Grundzüge aber, welche die Theorie dafür feststellen kann, werden immer von bestimmender Wirkung dafür sein, sofern die Theorie selbst sich erst durch den Sinn des Ohres gebildet hat. Wir werden deshalb auch hier uns wieder daran zu erinnern haben, dass die Sprache zunächst für das Ohr entstanden ist, dass die Sprache sowie die Poesie früher gesprochen, als geschrieben wurde.

Was wir in der deutschen Sprache errungen haben, das ging in der letzten Entwickelungs-Phase derselben aus dem Zusammenwirken von Wissenschaft und Poesie hervor, ehe ein erstarktes nationales Bewusstsein dabei mitthätig sein konnte. Die poetische Kraft Goethe's namentlich zeigt sich in dieser Selbständigkeit von wahrhaft zauberischer Wirkung. Wir haben gegenwärtig um so mehr die Verpflichtung, das Errungene uns zu erhalten. Aber solche Schätze zu hüten und zu bewahren, heisst so viel, als sie fortzubilden, und das kann allein durch die Pflege des lebendigen Wortes geschehn.

Die deutsche Sprache an sich ist ein harter und rauher Stoff, und Schlegel hatte Recht, wenn er den einseitigen Lobern unserer Sprache, der man vor Allem nachrühmte, dass sie reich, seelenvoll, ausdrucksfähig wie keine andere sei, entgegenhielt, dass all dies Lob vielmehr unsern Dichtern zukomme. Auch Schiller (in der Vorbemerkung zu seiner Uebertragung des zweiten Buchs der Aeneide) bezeichnete unsere Sprache als eine „schwankende, unbiegsame, breite und rauhklingende." Was aber in unserer Sprache schwierig oder unschön ist, das fordert um so mehr zur Bekämpfung solcher Missstände auf. Wir werden ausserdem bekennen müssen, dass eine schöne Statue, die dem spröden und harten Marmor abgerungen ist, für uns grössern Werth und Reiz hat, als ein Wachsgebilde. Es kommt also nur darauf an, ob das harte Material unserer Sprache so beschaffen ist, dass es — mit Verständniss und mit Geschmack behandelt — unsere Mühen belohnt. Es kommt darauf an, die Schönheit ans Licht zu fördern und die Mängel bestmöglichst zu umgehn. Dass aber die deutsche Sprache ein ausgiebiges Material ist, das beweisen die Schöpfungen unserer vorzüglichsten Dichter. Haben wir nun aber poetische Schöpfungen vom höchsten Werth, so muss es auch unsere Aufgabe sein, diese Werke der Poesie durch die lebendige Sprache zu ihrer höchsten Wirkung zu erheben.

Goethe spricht sich einmal (in „Wahrheit und Dichtung") darüber aus, wie die Wirkung des gedruckten Wortes der des gesprochenen nachstehn müsse, und sagt: „Schreiben ist ein Missbrauch der Sprache, stille für sich lesen ein trauriges Surrogat der Rede."

Wir gehen daher nur auf den ursprünglichen Zweck und Werth der Sprache zurück, wenn wir uns bemühn, das Grosse und Schöne, was unsere Dichter geschaffen haben, auch sprechen zu lernen.

www.ingramcontent.com/pod-product-compliance
Lightning Source LLC
Chambersburg PA
CBHW021610270326
41931CB00009B/1410